Collection DIAZ

DESSINS ANCIENS

ESTAMPES

ANCIENNES & MODERNES

VENTE

Le 6 Avril, Salle nº 5.

EXPOSITION

Le 5 Avril, Salle nº 6.

Mᵉ **Charles PILLET**, Commissaire-Priseur.

M. **VIGNÈRES**, Marchand d'Estampes.

PARIS — 1861

RENOU ET MAULDE

IMPRIMEURS DE LA COMPAGNIE DES COMMISSAIRES-PRISEURS

Rue de Rivoli, 144.

PORTRAITS EN BISTRE

Collection de Portraits inédits ou rares de Personnages célèbres

REPRODUITS NOUVELLEMENT PAR LA GRAVURE

Publiés par VIGNÈRES, marchand d'Estampes

Rue de la Monnaie, 13, à l'entresol, entrée rue Baillet, 1.

ALBANY (Louise-Max. de Stolberg, comtesse d'),	Gravée par Varin.
AMOROS, colonel, fondateur de la gymnastique en France,	id.
ARGOUT (Antoine-Maurice-Apollinaire, comte d'),	J. Porreau.
BABEUF (F.-N.-Gracchus), journaliste,	id.
BARÈRE (Bertrand), de Vieuzac, conventionnel,	id.
BEAUHARNAIS (comtesse Stéphanie de), poëte, romancière,	Sisco.
BERRUYER, général, commandant des Invalides,	J. Porreau.
BERTRAND DE MOLLEVILLE, marquis, ministre, littérateur,	id.
BIEVRE (marquis de), célèbre auteur de calembours,	id.
BLANCHARD (Madeleine-Sophie-**ARMAND**, Madame), aéronaute,	id.
BONJOUR (Casimir), auteur dramatique.	id.
BORGHÈSE (Camille Philippe Louis), prince.	id.
BOSSUT (Charles), mathématicien,	id.
BRAZIER (Nicolas), auteur dramatique, d'après Marlet.	id.
BRISSOT (J.-P.), de Varville, conventionnel,	id.
CANCLAUX (J.-B. Camille, comte de), général, pair,	id.
CAYLA (comtesse de), née Talon, d'après le bar. Gérard,	Massard.
CLOUET dit **JANET** (François), peintre de portraits,	J. Porreau.
COCHON, comte de l'**APPARENT**, conventionnel, ministre,	id.
DEBUREAU, acteur des Funambules, Pierrot,	id.
DE FERMONT (comte), député, conseiller d'État,	id.
DEVIENNE, actrice, Théâtre-Français,	Normand.
DONADIEU, baron, général de division,	J. Porreau.
DORAT-CUBIÈRES PALMEZEAUX, poète, auteur dramat.	id.
DROZ (Joseph), littérateur, académicien,	id.
DUCHESNE aîné, conservateur du cabinet des estampes,	id.
DUCOS (Roger), avocat, constitut., 3e consul provisoire,	id.
ELIE DE BEAUMONT, avocat au Parlement de Paris,	Devritz.
EMPIS (Adolphe), auteur dramatique,	J. Porreau.
EPAGNY (d'), poète dramatique,	id.
FABRE DE L'AUDE (comte), député, pair, littérateur,	id.
FIEVÉE (J.), littérateur, auteur dramatique,	id.
FRÉRON (Louis-Stanislas), conventionnel,	id
FROCHOT, comte, préfet, député,	id.
GARNERIN (A.-J.), inventeur du parachute,	id.
GARNERIN (Élisa), aéronaute,	id.
GAUDIN, duc de Gaëte, ministre des finances,	id.
GENLIS (A. Brulard, comte de) cap. des gardes, convent.,	id.
GEOFFROY (J.-L.), critique, journaliste,	id.

Godoi (don Manuel), prince de la Paix, Varin.
Gouffé (Armand), chansonnier, vaudevilliste, J. Porreau.
Guimard (Mademoiselle), danseuse, id.
Jouffroy (Théodore-Simon), professeur, académicien, id.
Jousselin de Lasalle, homme de lettres, id.
Kant (Emmanuel), philosophe allemand, Bracquemond.
Lainé (J.-H., vicomte), ministre et académicien, J. Porreau.
Lamballe (princesse de), dess. d'ap. nature par Gabriel, id.
Lasource (M.-David-Albin de), député du Tarn, id.
Lavallière (L.-F. de la Baume, duchesse de), id.
Lucotte (Edme-Aimé), lieut.-général, comte, né à Dijon, id.
Marat, à la tribune, dess. d'après nature par Gabriel, id.
Martin (Louis-Aimé), littérateur, id.
Mazères (Édouard), auteur dramatique, id.
Mesmer, auteur du magnétisme animal, id.
Mezerai, actrice, Théâtre-Français, Normand.
Orléans, duc de Montpensier (Ant.-Philippe d'), 1773-1807. J. Porreau.
Persuis (L. Loiseau de), musicien, d'ap. Pierre Guérin, id.
Petiet (Claude), député, ministre de la guerre, id.
Philidor (André-Danican), musicien, auteur du jeu d'échecs, id.
Pilon (Germain), sculpteur, 1550, id.
Pixerécourt (Guilbert de), fac-simile, d'après J. Boilly, in-4. id.
Pongerville (Samson de), académicien, id.
Pontus de la Gardie, général en Suède, id.
Ramel-Nogaret, Ministre des finances, préfet, id.
Reveillère-Lepaux, botaniste, théophilanthrope, id.
Robert-Lindet, député, conventionnel, ministre, id.
Romme (Gilbert), conventionnel, id.
Rouget de L'Isle, auteur de *la Marseillaise*, musicien, Varin.
Saint-Huruge (marquis de), J. Porreau.
Saint-Prix, acteur, Comédie-Française, id.
Saint-Simon (Claude-H., comte de), philosophe, Perrot.
Silvain Maréchal, poète et littérateur, Devritz.
Tallien (Madame), née Cabarus, d'après le baron Gérard, Massard.
Treilhard (J.-B., comte), député, ministre, etc., J. Porreau.
Tronson du Coudray, avocat, du Conseil des Anciens. id.
Vadier (A.), député aux États-Généraux, id.
Vatout (J.), poète, académicien, bibliothécaire, Varin.
Vigée (L.-G.-B.-E.), poète et auteur dramatique, J. Porreau.
Cartouche (Louis-Dominique), fameux voleur. Lallemand.
Mandrin (Louis), fameux contrebandier, Delaistre.

Chaque portrait pouvant entrer dans un in-8 est tiré in-4.
Avec la lettre, papier blanc, 1 fr.; papier de Chine, 1 fr. 25 c.
Avant la lettre, papier blanc, 1 fr. 50 c.; papier de Chine, 2 fr.
Dont il n'est tiré que 20 épr. blanc et 5 Chine.

Afin de faciliter les recherches des amateurs de portraits, soit pour les illustrations, soit pour les collections d'autographes ou autres, *un Catalogue détaillé* de quelques collections de portraits qui peuvent se trouver chez moi, classés par ordre alphabétique, sera remis aux personnes qui en feront la demande affranchie.

CATALOGUE

DE

DESSINS ANCIENS

ESTAMPES

ANCIENNES

Et EAUX-FORTES MODERNES, par DECAMPS, Ch. JACQUE, etc.,

PROVENANT DE L'ATELIER

De M. DIAZ

DONT LA VENTE AURA LIEU

HOTEL DES COMMISSAIRES-PRISEURS

Rue Drouot, 5

Le Samedi 6 Avril 1861

SALLE N° 5, AU 1er ÉTAGE

A une heure précise.

Par le ministère de **Me CHARLES PILLET,** Commissaire-Priseur,
rue de Choiseul, 11,
Assisté de **M. VIGNÈRES,** marchand d'Estampes,
rue de la Monnaie, 13, à l'entresol, entrée rue Baillet, 1,
Chez lequel se distribue le présent Catalogue.

EXPOSITION PUBLIQUE

Le VENDREDI 5 Avril 1861, salle n° 6, de une heure à quatre heures.

PARIS — 1861

ORDRE DE LA VACATION

Écoles diverses........................	222 à 226
Estampes par maîtres..................	63 à 221
Cabinet Crozat, etc......................	61 et 62
Dessins..............................	1 à 60

Nous avons conservé les attributions de l'Amateur pour les Dessins.

Le Catalogue des Tableaux, Études peintes de **M. DIAZ,** des Tableaux et Dessins de maîtres modernes, Objets d'Art et Curiosités, faisant partie de son atelier, dont la vente aura lieu les *Mercredi 3, Jeudi 4* et *Vendredi* 5 *Avril*, se distribue chez M. Francis PETIT, Expert, 43, rue de Provence, à Paris.

CONDITIONS DE LA VENTE

La vente sera faite au comptant.

Cinq pour cent en plus des enchères, applicables aux frais.

M. VIGNÈRES, faisant la Vente, se charge des Commissions.

Nota. Toute commission sans prix fixé ou sans limite déterminée sera regardée comme nulle.

M. Vignères se charge de faire marquer les prix aux Catalogues des ventes qu'il a faites : les amateurs qui le désirent peuvent s'adresser à lui *franco*.

Plusieurs amateurs éloignés en ont reconnu l'utilité pour les guider dans leurs achats sur les valeurs des Estampes.

(Toute lettre non affranchie ne sera pas reçue.)

DESSINS

1. MONTRY [illegible] et d'ornements, têtes fantastiques pour di-
[illegible] d'architecture. Même lavé de bistre.

2. — A Nanine — Galatée [illegible]. Deux paysages [illegible]
et bistre.

3. — Vénus et l'Amour recevant le vase de [illegible], l'autre et
[illegible] des [illegible]. Beau dessin aux crayons
rehaussé en noir.

4. — Armée de [illegible] entrant [illegible] des [illegible]
[illegible]. Riche composition [illegible]

[illegible] dessins divers seront divisés sous ce numéro.

5. BALDO [illegible], Sainte [illegible], à la plume.

6. — [illegible], du verso et recto, de [illegible], très
[illegible] à la plume.

7. — Saint Jean. Le même, réduit à [illegible], avec changements.
A la plume.

8. BOUCHER. Le Christ apparaissant en jardinier à la Ma-
deleine. Très beau dessin [illegible] au bistre, en-
cadré.

9. — [illegible] des [illegible]. Belle [illegible] de [illegible]. Beau
[illegible]

10. — [illegible] Amours [illegible] des armes,
[illegible] Vénus [illegible]
[illegible]

11. CANAGLIE (A.). [illegible] Croquis à
la plume pour un [illegible]

12. — Paysage, à la plume.

13. [illegible]. Moulin [illegible], à la plume. [illegible]
[illegible]

DESSINS

1 **ANONYME**. Seize Mascarons, têtes fantastiques pour ornements d'architecture. Plume lavée de bistre.

2 — A Marino, — a Castello Gandolfo. Deux paysages plume et bistre.

3 — Vénus et l'Amour recevant le vase de Psyché, Faune et Satyre lui offrant des fruits. Beau dessin aux crayons rouge en noir.

4 — Armée de Vainqueurs entrant couverts de lauriers dans une ville. Riche composition plume et bistre.
— Cinq dessins divers seront divisés sous ce numéro.

5 **BACCIO-BANDINELLI**. Sainte Famille. A la plume.

6 — Diverses études, au verso et recto, de têtes, bras, torses, etc. A la plume.

7 — Saint Jean. Le même, réduit à côté, avec changements. A la plume.

8 **BOUCHER**. Le Christ apparaissant en jardinier à la Madeleine. Très-beau dessin largement touché au bistre, encadré.

9 — Adoration des bergers. Bistre rehaussé de bleu. Beau dessin, effet de lumière.

10 **BRONZINO**. Des Amours débarrassent Mars de ses armes, tandis que d'autres ornent de fleurs Vénus nue, couchée sur un lit à baldaquin orné. Beau dessin au bistre.

11 **CARRACHE** (An.). Homme attaché à un arbre. Croquis à la plume pour un saint Sébastien.

12 — Paysage à la plume.

13 **DURER** (A.). Moulin à eau avec saules, à la plume. Collection Thibaudeau.

14 DYCK (d'ap. V.). Sainte Thérèse intercédant auprès de Jésus-Christ pour des damnés. Aquarelle.

15 **Ecole italienne**. Allégorie. Anges voltigeant. A la plume.

16 FONTANA. Combat de Tritons, bas-relief ovale. Plume lavé de bistre rehaussé de blanc. *A. 66. à Fontainebleau.*

17 GELÉE (Claude) dit Le Lorrain. L'Ange annonçant aux bergers la naissance de Jésus. Sanguine lavée de bistre sous verre.

18 — Vaisseau avec barque de rameurs. Bistre.

19 GERICAULT. Etude d'arbres. Vigoureusement exécuté à la plume relevée de bistre et d'encre de Chine, sous verre.

20 — Croquis à la plume. Etude d'hommes, jambes, etc.

21 — Buste de jeune femme. A l'encre de Chine.

22 — Etudes de jambes et un petit cheval. Crayon.

23 — Chevaux libres en course à Rome. Croquis au crayon et plume.

24 — Anges en adoration. Croquis à la plume.

25 — Quatre hommes portant une poutre. Croquis à la plume.

26 — Les Fureurs d'Oreste. Croquis au crayon.

27 GILLOT. Sainte Famille entourée d'anges. A la sanguine, sous verre.

28 GOYEN (Van), 1652. Village hollandais près de l'eau avec bateaux, figures. Au crayon.

29 HOLBEIN. Quatre études à la plume, chien et figures sur la même feuille. Col. Thibaudeau.

30 LE SUEUR. Femme drapée assise lisant. Au crayon et aux carreaux.

31 — Cléobis et Biton traînant leur mère dans un char. Au crayon. Cabinet Joubert.

32 MICHEL-ANGE. Etudes d'hommes dans diverses attitudes. Crayon et plume. Fragments du jugement dernier.

33 PARMESAN. Mariage de sainte Catherine. Esquisse sur carton. Très-belle.

34 — Adoration des bergers. Sanguine.

35 — Etudes de figures. A la plume et lavé.

36 — Etude d'homme avec trois jambes. Autre au revers. A la plume.

37 — Deux croquis. Etudes pour l'Amour taillant son arc. A la plume.

38 — Plusieurs études de figures pour l'Amour taillant son arc dans différentes positions. Très-curieux et très-beaux. A la plume, encadré.

39 — Sonneur de trompe dans une chasse au cerf. Beau dessin à la plume et au bistre, des Collections Arundel, Zanetti, Denon, Lawrence et Thibaudeau.

40 POUSSIN (N.). Croquis au crayon. Paysage pour le Traité de peinture de Léonard de Vinci. Col. Hamel.

41 — Sainte Famille. Croquis à la plume lavé de bistre.

42 PRIMATICE. Martyre de saint Laurent. Dessin très-terminé, au bistre rehaussé de blanc.

43 RAPHAEL (Ecole de). Sacrifice. A la plume lavé de bistre. Collection Feuchère.

44 REMBRANDT. Le Christ tombant sous le poids de sa croix. Croquis à la plume, encadré.

45 — Vieillard philosophe feuilletant un livre. A la plume.

46 — La promenade du père et de l'enfant. A la plume. Col. Van Esdaille, sir Th. Lawrence.

47 JULES ROMAIN (Ecole de). L'Enlèvement des Sabines. Plume lavée de bistre.

48 ROSSO. Sujet d'histoire, plusieurs femmes drapées. Au bistre.

49 ROTTENHAMER (H.). Pluton et Proserpine charmés par la musique. — Le Jugement de Pâris. Deux dessins ronds plume et bistre.

50 RUBENS (D'ap.). Adoration des Mages. Aquarelle in-4, d'une riche composition.

51 SARTE (André del). Femme assise. A la plume et bistre. Collection Feuchère.

52 — Homme assis, vu de dos, et garçon sur un banc. Au crayon Collection Feuchère.

53 — Moine tenant une crosse. A la sanguine, sous verre.

54 STRADAN. Ecce Homo. A la plume, bistre rehaussé de blanc.

55 SWANEVELT (Herman). Berger ramenant son troupeau. Beau paysage au bistre, bel effet.

56 TITIEN (Tiziano Vecelli). Tête de moine. Au crayon. Collection du comte de Fries, à Vienne.

57 — Allégorie. Homme avec trois Amours. Sanguine des collections Th. Lawrence et C. Ce dessin fut déchiré en quatre morceaux, il est bien recollé.

58 — Paysage à la plume. Collection Richardson.

59 WATTEAU (A.). Tête d'homme. Crayons noir et rouge, d'un très-grand effet.

60 ZUCCARRO. Couronnement d'un pape. Au bistre. Collection Denon.

LIVRES A FIGURES

61 Recueil d'Estampes, d'après les plus beaux tableaux, connu sous le nom de CABINET CROZAT. 180 planches et texte, 2 vol. gr. in-fol., v. m.

62 Picturæ Dominici Zampierii dit Dominiquin, 46 pl. *Rome*, **1762**, vol. avec texte in-fol.

ESTAMPES ANCIENNES

ET EAUX-FORTES MODERNES.

63 **Albert** (Chérubin). Figures tirées du Jugement dernier et voûte de la chapelle Sixtine. Trois belles ép.

64 **Aldegraver.** Abraham recevant les anges. — La Patience. 2 p.

65 **Baldini.** L'Enfer du Campo Santo à Pise. Pièce rare et curieuse, où se trouvent les tourments et supplices infligés par les démons.

[illegible]l. X

66 [illegible] (Fr...). Les Noms... — Le Règne [illegible]
[illegible]
67 [illegible]. La Vache [illegible]
68 [illegible]. [illegible] Ép. [illegible]
[illegible]
— La Duel. Ép. sur Chine, imp. de Vilain.
— [illegible] Ép. [illegible] imp. de [illegible]
— [illegible] de l'[illegible]
Les 4 pièces [illegible]
69 [illegible]. Le Pot et les noms [illegible]
70 [illegible], in-8 [illegible] et autres. 3 p.
71 [illegible] (D...). La Ferme, par [illegible]
— [illegible] Far. et [illegible]
72 [illegible] Famille, [illegible], Famille [illegible]
[illegible] Pointe dure [illegible]
73 [illegible]
belle ép. [illegible]. 3 [illegible]
74 [illegible]. [illegible] de [illegible]. B. 78
75 — [illegible] de l'Amour. B. 105
76 — [illegible], Le [illegible] de [illegible]
77 [illegible] (Sébald). [illegible], 1re état. [illegible]
[illegible], etc. 4 p.
78 [illegible] (J.). [illegible] des [illegible] les [illegible]
[illegible] par
[illegible] p.
79 [illegible] (D'ap.). Neuf paysages.
80 [illegible]
81 [illegible] (Ann.). [illegible]
[illegible] par [illegible]. B. 128. 2 p. [illegible]
— [illegible] par des [illegible] sur la mer. B. 129
82 [illegible] (Ant.). [illegible]. B. [illegible]
— Les trois [illegible], et autres. 3 p.
83 [illegible]. [illegible] de [illegible]
[illegible] de Jupiter. B. 66.
84 [illegible] (Jules). [illegible] pour [illegible]

66 **Baudouin** (D'ap.). Les Soins tardifs. — Le Rendez-vous villageois, et autres. 3 p.

67 **Berghem.** La Vache qui pisse. *G. Valk excudit.*

68 **Bonnington.** Le Silence favorable. Ep. sur Chine, imp. de Lemercier.
— Le Duel. Ep. sur Chine, imp. de Villain.
— Rue du Gros-Horloge, à Rouen. Ep. Chine, imp. de Engelman.
— Campos sur les bords du Rio. Lith. de Fourquemin.
Ces 4 pièces pourront être divisées.

69 **Both.** Le pont et les deux vaches. 2 paysages.

70 **Bottschildt,** *inv. et fecit.* L'Aurore et autres. 2 p.

71 **Boucher** (D'ap.). La Terre, par Daullé.
— Groupes d'Enfants, Pan et Syrinx. 6 p.

72 **Biscaino.** Saintes Familles, Madeleine, Famille de Satyre. 4 p. Pourra être divisé.

73 **Bloemaert.** Harmonillus changé en citronnier. Très-belle ép. et autres. 3 p.

74 **Bonasone.** Naissance de saint Jean-Baptiste. B. 76.

75 — Triomphe de l'Amour. B. 106.

76 — Le Christ au tombeau, Lever du soleil, etc. 3 p.

77 **Bourdon** (Sébast.). Repos en Egypte, 1er état, Paysages, etc. 8 p.

78 **Bry** (J. Théodore de). L'Age dor, pièce ronde; les Noces de Rébecca, pièce longue, forme de frise; Sophonisbe, par Pencz. 3 p.

79 **Cabel** (D'ap.). Neuf paysages.

80 **Cantarini** (Simon) dit le Pesarèse. Sainte Famille. B. 9.

81 **Carrache** (Aug.). Mercure et les Grâces. B. 117.—Mars renvoyé par Minerve. B. 118. 2 p. Belles.
— Vénus portée par des dauphins sur la mer. B. 129.

82 **Carrache** (An.). Madeleine. B. 16.
— Les trois Rois, et autres. 3 p.

83 **Caraglio.** Vénus et l'Amour se plaignant de Psyché près de Jupiter. B. 54.

84 **Carpioni** (Jules). Madeleine pénitente. Très-belle ép.

85 **Castiglione** (B.). Circé : femme dans des ruines avec divers animaux.

86 **Corneille** (M. A.). Mariage de sainte Catherine, 1er état. *P. Mariette*, 1697.

87 **Corrége** (D'ap.). Vierges, Sainte Famille, Annonciation, Mariage de sainte Catherine, Madeleine, Danaé, etc. 9 p.

88 **Cort** (C.). Martyre de saint Laurent, d'ap. Titien. Très-belle ép. glomisée.

89 **Cousin** (Jean). Jugement dernier en 9 p. et 3 de texte.

90 **Dé** (Maître au). Enée et Anchise, Combat dans des vaisseaux, Groupes d'enfants, Tapisseries du pape. 4 p.

91 **Decamps.** *Lithographies.* A gauche, tête de singe, au milieu, un Turc et trois autres figures, dont tête orientale, signé au milieu en bas. *Epreuve unique.*

92 — Cinq petites figures près d'un bateau en radoub. Relevé de plume. Très-rare.

93 — Esclave nègre appuyé contre un rocher. Très-rare.

94 — Indienne regardant son enfant dans le hamac. Sur Chine. Très-rare.

95 — Grec vu de dos et courant, tenant une épée de la main gauche. Très-rare.

96 — Le Jeune Mendiant et son singe. Ep. Chine avant toute lettre.

97 — Paysage et croquis, n. 3, sujets orientaux. 2 p.

98 — Turc dans un intérieur. *Essai fait à la manière noire, par M. Decamps.* Ep. Chine. Lith. de Motte.

99 — Camarade, on n'entre pas ici en veste. Ep. avant toute lettre.

100 — Voilà qui vient de paraître tout-à-l'heure. Sur Chine.

101 — Arrêt de la Cour prévôtale, caricature, n. 26.

102 — Classe de français, M. Contrarius, etc.

103 — La France pleure les victimes, etc.

104 **Decamps.** *Eaux-fortes.* Le Joueur de Biniou. Eau-forte pure. Très-rare.

105 — Moulin à vent; sur le devant, figures avec un chien. Très rare.

106 — Joueuse de vielle. Très-rare.

Vol. X Blig. X Dubois

Vol. V Blig X Dubois
Blig 3 Dubois

Blig X Dubois

Dubois

Blig 3
Vol. VI

Blig 3 Dubois

Dubois

Vol. X Pierre XX

Vol. XV Blig X Dubois

Blig X Dubois

[illegible] Blig XV Sol. [illegible] XXV

[illegible]

[illegible] XX

[illegible] Y

107 — Singe feuilletant un grand livre ; en retournant la feuille. Paysage avec pont de bois, croquis de chiens et oriental dans les marges. Très-rare.

108 — Les Laveuses, avec croquis dans les marges. Très-rare.

109 **Decamps** (D'ap.). L'Anier turc, transport sur pierre ; Environs de Smyrne ; Sentinelle turque, par Le Roux ; Paysage des artistes contemporains ; une Ecole en Turquie ; Sortie de l'école ; le Caravansérail ; une Patrouille à Smyrne ; Chasse au loup, 9 p.

110 **Diamantini.** Didon et autres. 2 pièces.

111 **Dominiquin** (D'ap.) Angles de voûte. 4 p.

112 **Dorigny** (M.). Mars et Vénus, d'ap. Vouet. Sup. ép.

113 **Dorigny** (N.). Vierge et Jésus adorés par saint Ignace et saint Charles, d'ap. C. Maratte.

114 **Duplessis.** Vases riches ornés de fleurs. 2 p. Très-belles.

115 **Dupré.** Moulin en Sologne ; Bords de la Somme et autres. 4 p., par et d'après. Lithog.

116 **Durer.** Vierge allaitant Jésus ; Pilate ; Jésus frappé de verges ; Jésus aux limbes. 4 p.

117 — Bois ; Circoncision ; Sainte Famille et autres. 4 p.

118 **Dyck** (Van). J. Suttermans ; Paul de Vos ; J. de Wael ; L. Vorsterman. 4 portraits à l'eau-forte.

119 — (D'ap.). Son portrait différent et autres. 16 p.

120 **Ecole de Fontainebleau.** Diane sur son char ; Forge de Vulcain ; Travaux d'Hercule, etc. 7 p. Pourra être divisé.

121 **Eynhouts.** Saint Sébastien, d'ap. C. Schut.

122 **Farinati** (P.). Saint Jean évangéliste. B. 3, 1er ép. avant le nom et adresse de Sadeler.

123 **Ferdinand** (L.). Sainte Famille ; Frise formée d'enfants, d'ap. Testelin et autres. 4 p.

124 **Fontebasso.** Saint Grégoire intercédant auprès de la Vierge pour la délivrance des âmes du Purgatoire, d'ap. Ricci.

125 **Galestruzzi.** Apollon qui vient d'écorcher Marsyas; Buste de César surmontant un groupe d'armures. 2 p.

126 **Gelée** (Claude-Lorrain). Le Naufrage (R. D. 7). — Le Port de mer au fanal (11). — Le Pont de bois (14). 3 p.

127 **Ghisi** (les). Vénus et l'Amour. — Figure de la chapelle Sixtine. — La Salutation angélique. — Esclaves conduits par des soldats romains. 5 p.

128 **Goltzius.** Statues des Dieux dans des niches. 8 p.

129 — Bacchus, Cérès, Vénus. — Hercule vu de dos, etc. 4 p.

130 — Les Quatre saisons. 4 p.

131 **Greuze** (d'ap.). Jeune fille pleurant son oiseau mort. Ancienne ép. sans marge.

132 **Guide.** Vierge et Jésus dans un rond. B. 3. — St Roch distribuant son bien, d'ap. Carrache (53). Contre-épreuve.

133 **W.-H.** (maître au monogramme). La Circoncision. B. 3.

134 **Hopfer** (D.). L'Annonciation. Les figures sont à mi-corps; largeur 226, hauteur 155 millim. Magnifique ép. non décrite dans Bartsch.

135 **Houbraken.** Bacchus aportant à boire à Ariadne délaissée. Jolie eau-forte.

136 **Impériale** (Jérôme) a gravé 4 p., 1650. La Vierge, Jésus et St. Jean. B. XX, n° 3.

137 **Jacques** (Charles). Sujets, compositions, paysages à l'eau-forte et vernis-mol. 66 p. Seront divisées.

138 **Jeanneret.** La Cène, attribué à Raphaël avant toute lettre.

139 **Jegher** (Christof). Silène ivre soutenu par un Bacchant et un Satyre, d'ap. Rubens. Sup. ép. de la col. P. Vischer.

140 **Jordaens** (J.), 1652. Jupiter nourri par la chèvre Amalthée.

141 **Lairesse.** Diane et Calisto. — Adam et Eve. — Agamemnon. 3 p.

		Wi			
1	5 p	6	6	50	[illegible]
2	5 p	6	7		
3	5 p	5	7		
4	5 p	5	5		[illegible]
5	5 p	8	16		
6	5 p	6	9		
7	3 p	15			
8	4 p	5	6	[illegible]	
9	5 p	8	10	50	[illegible]
10	5 p	7	12		
11	5 p	5	7	0	
12	5 p	6	7		
13	5 p		7	50	
14	5 p		4		
			112	00	

Lesouf. 5

142 **Le Clerc.** Les Batailles d'Alexandre, d'ap. *Le Brun.* 5 pièces.

143 **Loli** (Laurent). Ste Famille à l'oiseau. B. 5, très-belle.

144 — La Récompense de l'étude, d'ap. Sirani. B. 30. Superbe ép.

145 **Lombart.** Comte de Pembroke, d'ap. Van Dyck. Très-belle ép.

146 **Maratte** (C.). Naissance de la Vierge. B. 1. — Visitation. B. 3. 2 p.

147 **Matham.** Cupidon venant trouver sa chère Psyché. B. 76. Très-belle ép. Glomisé. — Ste Madeleine. 2 p.

148 **Michel-Ange** (d'ap.) La grande Léda; rare. — Les tombeaux de Jules II; — Julien de Medicis. — L'Emblème de la vie humaine ou les Vices, par M. Luchèse et autre. 3 ép. différentes. — Bacchanale d'enfants portant un âne. 2 ép. différentes. — Fac-simile de dessins. 9 p. Pourront être divisés.

149 **Morin.** Vierge et Jésus d'ap. Titien.

150 **Ostade** (Ad. v.). La Grange. B. 23.

151 — Le Savetier. B. 27.

152 — La Fileuse. B. 31.

153 — Le Père de famille. B. 33.

154 — L'Émouleur. B. 36.

155 — Le Joueur de violon bossu. B. 44.

156 — La Fête sous le grand arbre. B. 48.

157 — Quatre pièces par et d'après Ostade.

158 **Oudry.** Le Chien braque en arrêt. Eau-forte, avant la lettre. R. D. 5. — Le Loup aux abois (4). 2 p.

159 **Palma.** Saint Jean-Baptiste puisant de l'eau. Eau-forte.

160 **Parmesan** (d'ap.). Adoration des Bergers et autres compositions. 12 p.

161 **Parrocel** (Pierre). Marche triomphale de Bacchus et Ariane. Très-belle ép.

— Felicitas Publica. Composition allégorique.

162 **Pas** (C. de). Aurora solis. Belle ép.

163 **Pérugin** (d'ap.). L'Ascension du Christ. Tableau au Musée de Lyon. 12 p. Lithog. in-fol. publié par M. Marquet, peintre.

164 **Pesarese**. Saint Sébastien. B. 24. Grande marge.

165 **Photographies**. Vierge, Ste Catherine, d'ap. Rubens et 2 p. d'ap. Prudhon. 4 p.

166 **Piano** (J. de). Portrait d'Ant. Marie Zanetti et composition par les maîtres de l'École italienne. 16 p. en bistre.

167 **Poussin** (d'ap.). Paysages gravés par Baudet. 6 p.

168 — Adoration des Mages. — Ravissement de St Paul. Naissance de Jupiter. — Diane et Calisto. 4 p.

169 **Prenner**. Ange causant avec la Vierge. 1re épreuve.

170 **Procaccino** (Camille). Repos en Égypte. B. 3.

171 **Prudhon**. Jeune garçon et son chien (c'est le fils du maréchal Gouvion St.-Cyr). Lithog. originale. Sup. ép. chine toute marge.

172 **Prudhon** (d'ap.). Aminta. — Abrocome. — Dafni et Cloe. 3 p. in-8.

173 — La Grotte. Ép. avec la tablette, in-8.

174 — Daphnis allaité par une chèvre. — La Cigale. 2 p. in-4, toute marge.

175 — Le Christ portant sa croix. — L'Égalité. — La Loi. — L'Amour à la raison. Avant la l. — L'Ame. — La Vierge. — Le Coup de patte du Chat. 7 p.

176 D. L. **R**. 1780. Vache couchée à gauche regardant à droite. Belle eau-forte.

177 **Raimondi** (Marc-Antoine). Le Martyre de St Laurent. Très-rare ép., du 1er état (B. 104), dite aux deux fourches, remargée et encadrée.

178 — Martyre de Ste Félicité. B. 117.

[illegible] X
Post. [illegible]

[illegible]

[illegible]

149 [illegible] Annecy [illegible]

151 [illegible]

152 [illegible]. Triomphe de [illegible]

154 [illegible]

155. — [illegible]

156 — [illegible] 467. — [illegible]

[illegible]

157 [illegible]. — [illegible] Brunehilde.

157 [illegible]. [illegible] et [illegible] — Saint-John. — [illegible]

158 [illegible]

159 [illegible] — [illegible]

[illegible] pièce [illegible] de Versailles [illegible]

160 [illegible]

161 [illegible]

[illegible]

162 [illegible]

163 [illegible]

179 — Et son école. L'Enfant sur un monstre, la Tempérance, la petite Vendange, la petite Peste morbetto, Jugement de Pâris, les Grimpeurs, Jupiter foudroyant les Tytans, l'Amour jouant aux dés le sort des humains, etc. 20 p. Pourra être divisé.

180 **Raphael** (d'ap.). Apôtres, Mort d'Ananie, Cassolette, etc. 13 p.

181 **Ravenne** (Marc de). Entellus et Dares. Très-belle ép. B. 195. C'est une des plus belles p. d'ap. Raphaël.

182 **Rembrandt.** Triomphe de Mardochée. B. 40.

183 — Grande résurrection de Lazare (73). Avant-dernier état.

184 — Faustus (270).

185 — Rembrandt écharpe (17). — Joseph (37). — Circoncision (47). — Annonce aux bergers (44). — Mère de Rembrandt. 6 p.

186 — Tobie. — Peseur d'or. — Paysage aux trois arbres, etc. 6 p. Copies et d'ap. Rembrandt.

187 **Reynolds.** Cornélia et Her Children. — Hope nursing Love. — Saint John. — L'Amour désarmé. 4 p.

188 **Ribera.** St. Jérôme étonné du son de la trompette. B. 5.

189 **Rigaud.** Chantilli. — L'Arc de Triomphe. Ces 2 p. sont avec adresse chez l'auteur. — La Salle aux Marronniers. — Vues des bosquets du jardin de Versailles. 4 p.

190 **Robetta.** L'Homme attaché à un arbre par l'Amour. B. 26.

191 **Romanet.** Scène d'intérieur hollandais, d'ap. Terburg. Avant la lettre.

192 **Rubens** (P.-Paul) *fecit.* Sainte Catherine dans le ciel, s'appuyant de la main gauche sur une épée. Superbe ép.

193 **Rubens** (d'ap.). Enlèvement de Proserpine, par P. Soutman.

194 — Melchisedech offrant le pain et le vin à Abraham, par Witdouc, 1638.

195 — Ste Famille, St Ignace, Paysage, pièces de la galerie du Luxembourg. 9 p.

196 **Ruysdael**. Le petit pont (B. 1). Les deux paysans et leur chien (B. 2). La chaumière au sommet de la colline (B. 3). Les voyageurs (B. 4). Cette dernière copie contre-partie. 4 p. Pourra être divisé.

197 **Sadeler** (Eg.). François, cardinal Diethrichstain. — Rodolphe II. 2 p.

198 **Saenredam**. Les Nymphes de Diane. 3 p., d'ap. Goltzius.

199 **Schmidt**. Jeune fille au Mopse. — Le père et la mère de Tobie. 2 p.

200 **Sirani** (Elisabeth). Ste Famille. B. 8

201 **Sirani** (Jean-André). Judith, d'ap. le Guide.

202 **Spilberg**. Vertumne et Pomone. Eau-forte.

203 **Storer** (Christophe). Bacchanale avec Silène sur un tigre. 1re ép. avant l'adresse de Mariette. Rare, avec marge.

204 **Strada** (Vespasien). Ste Famille, à l'eau-forte.

205 **Testa** (César). 5 p. à l'eau-forte.

206 **Testa** (Pietre). Son portrait. 1er état Collignon formis.— 2e état, Westerhout. 2 p.

207 — De son œuvre, 107 p., beaucoup d'épreuves avec des différents états, plusieurs rares, pourra être divisé.

208 **Tiepolo**. Fantaisies. 8 p. très-belles.

209 — Fuites en Égypte. 4 p. — Sujets de la Passion, etc., 9 p.

210 **Titien** (d'ap.). Composition par Lefèvre. 10 p.

211 **Trémoliere**. Le Baptême. — La Confirmation. 2 p.

212 **Vden** (L. Van). Paysage au saule. Eau-forte.

213 **Valesio** (J.-L.). Vénus fustigeant l'Amour.

214 **Verboeckhoven.** Le Troupeau en marche. Eau-forte.

215 **Véronèse** (d'ap. Paul). Compositions diverses : les disciples d'Emaüs, etc. 21 p. Pourra être divisé.

216 **Vischer** (C.). Buste de femme la main sur la poitrine, d'ap. le Parmesan.

217 **Vuibert** (Remi). La Providence gouvernant le monde. R. D. 19. — 1er état, les angles aigus.

218 **Watteau.** Bon voyage, par B. Audran. Très-belle ép.

219 — Ant. de la Roque. — L'Eté arabesque. — Paysanne, etc. 4 pièces.

220 **Waumans** (C.). Assomption de la Vierge, d'ap. Rubens.

221 **Witt** (J. de). Groupes d'Amours voltigeant. 2 p.

222 École italienne, d'ap. Guide, Enée Vico, etc. 40 p.

223 École flamande. Bega, Dujardin, Téniers, Wouvermans. 40 pièces.

224 École française. Cochin, Gillot, Cl. Lorrain, Layhre, etc. 40 pièces.

225 École moderne. Delacroix, Marilhat, etc. 7 p.

226 Paysages, par Perelle et autres. 14 p.

Renou et Maulde, imprimeurs de la Compagnie des Commres-Priseurs, rue de Rivoli, 144. 1324

Bordereau d'Adjudication

Vente Diaz. Rue

Doit M. Viguier

Rue

A Me CHARLES PILLET, Commissaire-Priseur, à Paris, successeur de M. BONNEFONS DE LAVIALLE

Rue de Choiseul, 11.

Numéros du catalogue	Articles du procès verbal.	Le 6 Avril 1861	F.	C.	F.	C.
72	195	1 pièce			4	
91	194	1 id			41	
79	182	2 id			2	
93	196	1 id			24	
94	197	1 id			12	
95	198	1 id			44	
96	199	1 id			10	
98	201	1 id			3	
99	202	1 id			3	
100	203	1 id			6	50
106	209	1 id			41	
107	210	1 id			53	
108	211	1 id			47	
114	216	2 id			6	
115	217	4 id			4	50
134	236	1 id			5	
137	239	5 id			6	50
137	242	5 id			5	
157	245	2 id			7	
165	259	1 id			11	50
168	262	2 id			4	
192	308	1 id			10	
195	311	9 id			21	
		A reporter......			384	00

Numéros du catalogue	Articles du procès verbal	[illegible]	F.	C.	F.	C.
		D'autre part......			384	
196	212	4 [illegible]			44	
197	213	2 id			8	50
206	221	2 id			6	50
217	222	1 id			8	
218	200	1 id			10	50
219	223	4 [illegible]			7	50
221	226	2 id			9	50
1	240	[illegible]			16	50
10	250	1 id			22	
16	256	1 id			18	
19	259	1 id			80	
20	260	1 id			17	
22	262	1 id			5	
					614	00
			5%		30	70
					644	70

[illegible signature]

134 Vente Diaz

1	Anonyme	Destailleur	16	50
10	Bronzino	Destailleur	82	
16	Fontana	Destailleur	18	
19	Gericault 1/2 verre	Dubois	83	
20	" Croquis	Destailleur	17	
22	" Etude	Destailleur	5	
72	Biscaino	Guichardot	1	
79	Cabel	Soleil	2	
91	Decamps croquis	Dubois	41	
93	" negre	Dubois	34	
94	" indienne	Dubois	12	
95	" Grec	Dubois	44	
96	" mendiant	Dubois	10	
98	" Turc	Soleil	3	
99	" Camarade	Dubois	9	
100	" voila ce qui vient	Dubois	6	50
106	2 p. Joueurs de Vielle	Dubois	41	
107	" Singe	Dubois	53	
108	" laveuses	Dubois	47	
114	Duplessis 2 vases	Stott	6	
115	Dupré	Wismes	4	50
134	Hopfer	Roll	5	
137	Jacques 1.	Wismes	6	50
	4.	Wismes	5	
	7.	Wismes	7	
145	Lombart Pembroke	Metternich	11	50
148	C. Michel Ange	Lesoufaché	4	
192	Rubens Ste Catherine	Soleil	10	
195	" 9 p.	Metternich	21	
196	Ruysdael	Metternich	14	
197	Sadeler 2 port.	Metternich	8	50
206	Testa 2 port		6	50
217	Vribert	Metternich	8	
218	Watteau	Metternich	10	50
219	" 2 p.	Metternich	7	50
221	Witt	Metternich	3	50
			614	
			30	70
			644.	70

www.ingramcontent.com/pod-product-compliance
Ingram Content Group UK Ltd.
Pitfield, Milton Keynes, MK11 3LW, UK
UKHW032013260826
14628UKWH00005B/2458

9 782329 532486